AF305491

AUX

ANCIENS COLLABORATEURS

ELÈVES ET AMIS

DU

RÉVÉREND PÈRE

J.-B. SURIEUX

CHANOINE D'HONNEUR DE LYON

Ancien Supérieur du Petit Séminaire de la Primatiale

de Lyon.

DÉCÉDÉ AU MONASTÈRE DE N.-D. DE LA TRAPPE

à *Aiguebelle, le 24 Septembre 1886.*

LYON

LIBRAIRIE ET IMPRIMERIE VITTE & PERRUSSEL

3 ET 5, PLACE BELLECOUR ET RUE SALA, 58

1886

LE RÉVÉREND PÈRE

J.-B. SURIEUX

Le Révérend Père Jean-Baptiste Surieux, ancien supérieur du petit Séminaire de Saint-Jean, s'est endormi dans le Seigneur, au monastère de N.-D. de la Trappe, à Aiguebelle, le 24 septembre dernier, à l'âge de 82 ans.

Dispersés à cette heure, il ne nous a pas été possible de prier ensemble autour de ses restes vénérés. Mais une famille chrétienne, si elle s'est trouvée éloignée, en ses derniers moments, du Père qu'elle a perdu, ne manque point, à un jour prochain, de se réunir pour parler un peu de lui et pour faire monter au ciel le concert de sa prière : elle cherche d'instinct cette consolation; il lui faut accomplir ce devoir.

Ce devoir de nos suffrages, nous le remplirons ensemble en assistant au service solennel qui sera célébré dans l'Eglise Primatiale, le mardi 23 novembre, à onze heures du matin.

Il reste que nous retracions en quelques pages l'édifiante vie qui vient de s'achever. Ce sera le simple entretien de famille, au lendemain des funérailles, où l'on redit les exemples laissés par le cher défunt, afin qu'ils soient profitables à ceux qui demeurent, et que le souvenir de l'aïeul disparu se fixe en traits plus précis dans les cœurs des plus jeunes.

I

M. Jean Surieux naquit le 26 septembre 1804, d'une humble famille de paysans, à Chazelles-sur-Ladvieu.

Il reçut ses premières leçons de latin du curé de la paroisse, M. Bongrand, qui fut plus tard transféré à Bouthéon. L'élève garda à son premier maître une profonde reconnaissance.

Il entra au séminaire de Verrières vers l'âge de quatorze. ou quinze ans et s'y distingua aussitôt par sa constance au travail et le sérieux de son caractère.

Au grand Séminaire il fut un élève remarqué. Très ferme dans ses convictions, rigoureux dans son argumentation, il entra à fond dans les discussions qui partageaient alors maîtres et étudiants sur la question de la licité du prêt à intérêt. Il avait embrassé très ardemment l'opinion qui a depuis prévalu, et qui, consacrée par les décisions de Rome, a rassuré beaucoup de consciences.

Aussitôt ordonné prêtre, l'abbé Surieux fut nommé vicaire à Saint-Pierre de Montbrison. C'est là que la famille de Meaux commença à le connaître. Pour retracer ces premières années de son ministère, nous ne saurions mieux faire que laisser la parole à M. le vicomte de Meaux lui-même, qui a bien voulu, dans une lettre qu'il ne destinait pas à être publiée, nous faire part de ses propres souvenirs :

« ..... Ma famille, nous écrit l'éminent élève de l'abbé Surieux, discerna tout aussitôt sous une écorce encore rude, un esprit et une âme rares, un homme supérieur. J'étais alors tout petit enfant et ma mère souhaitant qu'il s'intéressât et s'attachât à moi, m'envoyait chez lui prendre des leçons de lecture et du peu que je pouvais apprendre à cette époque. L'instinct de ma mère ne la trompait pas. Quand l'abbé Surieux quitta la paroisse de Saint-Pierre, il était l'ami de ma famille et commençait à me considérer comme son enfant. Professeur de mathématiques au Séminaire de l'Argentière, il venait passer chez nous ses vacances. Lorsque j'eus sept ou huit ans, mes parents l'obtinrent non sans peine pour mon éducation. Il m'a donné sans réserve et sans partage sept années de temps et de labeurs.

« Puisque vous connaissez mes *Souvenirs sur mon Grand Père* (1), vous pouvez imaginer quelle vie nous menions alors, quelle vie il menait au milieu de nous, à quels événements domestiques il a été associé parmi nous. Il avait alors toute l'énergie, toute la générosité que nous lui avons connues plus tard, mais non encore l'empire sur lui-même et la condescendance envers autrui qu'il ne devait acquérir qu'à force de combats et de victoires, et j'étonnerais fort ceux qui l'ont approché à cette époque si je représentais son caractère comme exempt d'aspérités. Mais je dois attester que jamais, à aucun degré, ses élèves n'en ont souffert. Je dis ses élèves, parce que peu de temps après son entrée dans notre maison, il s'était chargé de mon ami Paul de Quirielle ; il nous instruisait, nous formait l'un et l'autre ensemble. Jamais ne s'est démenti envers nous, non seulement son ardent dévouement, mais

---

(1) M. le vicomte de Meaux a raconté, dans un écrit destiné aux membres de la famille et aux amis les plus intimes, l'histoire de la vie et de la vocation de son grand père, M. de Meaux, mort trappiste, à Aiguebelle, le 15 juin 1849, jour de la fête du Sacré-Cœur de Jésus.

sa tendre bonté. Il nous appartenait tout entier, pour les récréations comme pour les études. Je nous vois encore, dans nos promenades quotidiennes, accommodant le mieux que nous pouvions nos petites jambes à son grand pas ; et, parmi les choses que je lui dois, je n'oublie pas le goût et la faculté de la marche que j'ai gardés long-temps, que je regrette de perdre maintenant.

« Ses préférences intellectuelles le portaient vers les sciences plus que vers les lettres. Je ne l'ai guère suivi dans cette voie. Avec les habitudes d'enseignement qu'on avait alors, il m'a quitté trop tôt pour m'y pousser. Pourtant je me souviens encore avec quelle clarté, quelle simplicité lumineuse, il m'a donné quelques leçons tout élémentaires d'astronomie. Je n'étais qu'un enfant ; depuis lors je n'en ai pas appris davantage, et je n'y pense pas, même à présent, sans plaisir.

« Mais je lui dois bien plus que telle ou telle connais-sance spéciale; je lui dois le goût et l'amour du travail, le goût et l'amour des choses de l'esprit, le respect des gran-deurs, des beautés, des conquêtes de la pensée. Voici ce que j'ai reçu de lui dans l'ordre intellectuel et j'ai souvent pensé plus tard qu'il importe singulièrement aux intelli-gences qui s'éveillent, de se trouver d'abord en contact avec une intelligence élevée. Peut-être ce premier mo-ment est-il plus décisif encore que la suite des études. Au surplus, avec la simplicité de ses manières et son désouci de paraître, l'abbé Surieux inspirait à quiconque l'abordait et savait voir, le sentiment de ce qu'il valait. J'en ai eu bien des fois la preuve: Au moment de mon mariage, entre autres, où il ne manqua pas d'assister, M. de Falloux qui était un de mes témoins ne fit que l'apercevoir et néanmoins en resta frappé. Il me rendait ensuite le té-moignage que je n'avais pas été élevé par un homme ordi-naire.

« Dans l'ordre religieux, ce que je lui dois principalement c'est d'avoir incliné mon esprit, comme par une pente naturelle, vers les choses de la foi et de l'Eglise, de les avoir mêlées à tous les exercices, à tous les efforts de ma pensée naissante, de m'avoir accoutumé à chercher de ce côté la lumière, en sorte que, depuis, les vérités qu'il faut croire n'ont cessé de me paraître un appui plutôt qu'un fardeau.

« Mais comment dire tout ce qu'il a été pour moi, tout ce qu'il est resté jusqu'à sa dernière heure ? Il l'a exprimé lui-même dans la dernière lettre que j'aie reçue de lui. Cette lettre achève et couronne sa précieuse correspondance d'Aiguebelle ; correspondance pleine de charme, en même temps que de tendre et vigilant intérêt pour tout ce qui pouvait me toucher. »

Cette dernière lettre du Père Surieux, écrite d'Aiguebelle, peu de temps avant sa mort, à l'occasion de la fête de son ancien élève, quoique d'une date postérieure de plus de quarante ans à l'époque de sa vie que nous racontons à cet instant, dit trop bien, en effet, ce que fut l'abbé Surieux dans la famille de Meaux, elle fait trop bien connaître l'âme tout entière du vénéré défunt, pour que nous ne la reproduisions pas.

Aiguebelle, 24 juillet 1886.

« . . . . Ces deux fêtes, celle de madame votre mère et la vôtre, me sont, entre toutes les fêtes, d'un intérêt particulier qui les distingue de toutes les autres et ne me permet pas de les confondre ni de les placer avec aucune autre, convenablement. J'ai commencé à les célébrer l'une et l'autre en même temps : vous étiez encore, non pas bien jeune, mais bien petit ; il y a plus d'un demi-siècle, et je les vois revenir toutes les deux dans ce moment avec joie, pour la cinquante-cinquième fois, avec la satisfaction, précise et positive, de les avoir toujours célébrées en leur temps, sans y manquer jamais, et de la manière qu'il m'était possible et permis de le faire, quelquefois, en offrant de la main à la main une fleur fraîche et vermeille cueillie dans le jardin, et le plus souvent, quand c'était la seule voie fournie par les circonstances, en confiant à une lettre le soin de représenter la fleur et son offrande. J'aime à penser à ces choses qui me sont d'un charme réel et qui composent les bons souvenirs de ma vie.

« Si je voulais me restreindre, mon cher Camille, dans les limites de votre fête, de mes souhaits particuliers pour vous, de mes rapports personnels avec vous, je vous dirais, à tort ou à raison, que je vous ai toujours regardé comme m'étant donné et confié par Dieu même, par l'entremise de vos parents ; ou plutôt, pour être plus vrai et mieux dans la réalité, que je me suis toujours regardé comme ayant été appelé auprès de vous par vos parents, sans doute, mais avant tout par la voix même de Dieu qui m'a donné à vous, qui a voulu que je sois à vous, que je vous appartienne, que je me donne en toute occasion, que je me dépense pour vous, suivant vos besoins et sans réserve, non seulement pour le temps que je serais auprès de vous, dans votre maison, mais pour tout le temps de ma vie, à Saint-Jean, à la Trappe ou ailleurs; en sorte que quelle que soit ma carrière, je me doive à vous dans la limite du possible, que je ne vous perde pas de vue, que je vous suive du regard d'une certaine manière, et que je sois toujours prêt à me donner à ce qui vous intéresse si je le puis ; que c'est pour moi, non pas un droit, mais un devoir. Je me suis cru cette mission, me suis-je trompé ? Dieu le sait, et Il sait aussi comment je l'ai remplie et mon désir de le faire ; cela vous pourrait dire ce que j'ai été et ce que je suis pour vous, ce que j'ai voulu et veux être, non seulement le jour de votre fête, mais tous les jours de l'année et de toute ma vie ! Quand je dis *pour vous*, j'entends ce qui est à vous, choses et personnes sans exception. »

On a remarqué sans doute, tout à l'heure, l'allusion faite par M. le vicomte de Meaux aux événements qui survinrent alors dans sa famille. C'est en 1843, en effet, que M. de Meaux, le grand-père du jeune élève qui vient de nous faire un portrait si attachant de son maitre, prit une résolution héroïque et sainte, quitta le monde où il était singulièrement honoré, et s'en alla, à l'âge de soixante-douze ans, frapper à la porte du monastère de la Trappe. Il devint un fervent religieux, et, sous le nom de frère Sérapion, il vécut à Aiguebelle plusieurs années, faisant l'édification de tous.

Or, l'abbé Surieux, à ce moment où la grâce de Dieu suscita cette belle et extraordinaire vocation, était entré dans l'intimité de ce noble foyer. Son dévouement, ses rares qualités de l'esprit et du cœur lui avaient attaché toutes ces âmes d'élite ; le précepteur faisait partie de la famille.

Aussi M. de Meaux le fit-il le confident de son projet. Et quand le vieillard eut accompli son courageux dessein, c'est auprès de l'abbé Surieux qu'il soulageait son cœur oppressé ; c'est à lui qu'il confiait les douloureux combats qui se livraient en sa grande âme ; c'est à ses prières qu'il recommandait sa persévérance ; c'est de lui qu'il demandait à apprendre des nouvelles de tous les siens.

L'abbé Surieux fut dès lors frappé de cette héroïque résolution, et il fut décidé, quand les indications providentielles lui marqueraient que l'heure de la retraite aurait sonné, à mettre, lui aussi, suivant l'expression de M. de Meaux, « un intervalle entre la vie et la mort ». On peut affirmer que c'est de cette époque que date sa vocation de trappiste.

II

Pourtant, c'était encore pour l'abbé Surieux l'heure de l'action. En 1845, vers la rentrée des classes, le cardinal de Bonald, malgré l'affection qu'il portait à la famille de Meaux, lui arracha le prêtre de mérite qu'il n'avait fait que lui prêter pour un temps, et le mit à la tête du petit séminaire de son église primatiale de Saint-Jean.

La vieille manécanterie, qui se fait gloire de rechercher dans le passé ses origines jusqu'aux temps de Leydrade, était à un moment de transformation matérielle. Elle venait, l'année précédente seulement, d'abandonner les locaux insuffisants et insalubres, où cent élèves avaient été entassés jusque-là, pour entrer dans l'hôtel Chevrières, acheté récemment et approprié à sa nouvelle destination par la sollicitude du cardinal de Bonald. C'est entre les mains du nouveau supérieur, que l'antique école devait trouver un autre renouveau et s'épanouir plus à l'aise sur le terrain plus favorable où elle avait été transplantée. Les classes, jusqu'alors incomplètement divisées à cause du petit nombre des professeurs, furent établies chacune en son existence distincte; bientôt même les cours de philosophie et de mathématiques leur furent adjoints, et afin de n'ajouter aux charges matérielles de l'œuvre que le strict nécessaire, M. Surieux se chargea lui-même de la classe de mathématiques, qu'il fit dès lors chaque jour avec la plus exacte régularité et la plus haute compétence. Mais le mérite singulier du nouveau supérieur fut de s'entourer de collaborateurs de choix, de les attacher pour de longues années au labeur parfois pénible de l'enseignement, et de les grouper autour de lui en une unité puissante; unité faite, sans doute, du dévouement de chacun à l'œuvre commune, mais aussi de l'influence qu'exerçaient la loyauté de son caractère, la fermeté de sa volonté et la tendresse de son cœur.

Il me semble qu'en ces trois mots j'ai dépeint l'âme de M. Surieux, et expliqué son action durant ces vingt années. C'était un caractère loyal. De cette loyauté, naissait chez lui cette chose antique qu'on s'est plaint de voir disparaître chaque jour du monde, le Respect. Il respectait, dans ses collaborateurs, la raison et la liberté humaines; mais surtout il avait à un haut degré le respect surnaturel du prêtre. Il ne doutait de personne et croyait à la loyauté de tous, et, par là même, il tirait le meilleur parti de ces âmes sacerdotales, généreuses elles-mêmes, à qui il accordait toute confiance.

C'était une volonté de fer. Son vieux père le connaissait bien, quand, dans sa bonhomie toute de bon sens, il définissait son fils : « une tête de fer et un cœur d'or ». Ses élèves le savaient, et quand, d'un ton calme et qui à d'autres aurait paru hésitant, le vénéré supérieur avait répondu : « non », ils n'ignoraient pas que toute insistance devenait dès lors inutile, et il se le tenaient pour dit. Il faut même l'avouer, cette loyauté de caractère et cette fermeté de volonté allèrent parfois au delà de la mesure, et ce fut l'excès de ces qualités maîtresses qui fit le côté défectueux de cette âme supérieure.

Mais il était surtout, suivant la parole de son père, « un cœur d'or ». Sous la simplicité un peu austère de son extérieur, on n'aurait pas tout d'abord deviné cette tendresse du cœur. Toutefois, il ne fallait pas vivre longtemps avec lui pour voir que là était la principale richesse de son âme. De là sa piété envers Dieu ; son dévouement tout surnaturel à son œuvre; son culte de l'amitié.

Que de temps il passait devant le T. S. Sacrement! Quelle fidélité à le visiter tous les jours en terminant sa classe! Quelle attitude recueillie et quelle dignité pieuse dans l'oblation du saint Sacrifice ! Quelles actions de grâces prolongées et ferventes ! Il répétait souvent, comme une devise, ces paroles qui étaient la règle de ses propres actions : « Par devoir, le moins possible; mais ce que l'on ne fait pas par devoir, pourquoi ne le ferait-on pas par amour pour Notre-Seigneur ? » C'est cet amour pour Notre-Seigneur qui l'a fait se dévouer si humblement à la communauté de l'Adoration réparatrice, dans les premières années de la fondation de Lyon. Il y avait là, tout auprès du séminaire, quelques religieuses dans la situation la plus précaire ; mais elles avaient un trésor : le T. S. Sacrement. Elles l'adoraient nuit et jour solennellement exposé dans leur humble chapelle de l'hôtel des Adrets. Il réserva à leurs confessions et à leurs affaires toute sa matinée du mercredi, voulant s'acquitter avec tout le loisir désirable de ces fonctions de père spirituel qu'il tint à remplir aussi longtemps qu'elles demeurèrent dans le quartier. Et comme on lui objectait que c'était beaucoup de temps pour huit religieuses, il ne trouvait d'autre réponse que cette exclamation qui partait de son cœur : « Oh ! les saintes âmes ! »

L'esprit de foi se découvrait en lui à tous ses actes. Il pénétrait sa vie. A le voir prendre de l'eau bénite, faire le signe de la croix, dire les petites prières du commencement des exercices, entrer à la chapelle, on ne pouvait pas ne pas remarquer en lui l'homme de foi.

C'était à cette source de la foi qu'il puisait son dévouement pour son œuvre, son amour pour « son cher Saint-Jean ».

Il ne paraissait pas se mêler beaucoup au détail de la direction ou de l'administration. Désireux de laisser à chacun son autorité dans sa fonction, poussant même un peu loin peut-être la délicatesse de ce principe, il n'intervenait que bien rarement, il n'intervenait presque jamais à côté d'un de ses collaborateurs. Mais sa pensée était constamment occupée de procurer ce qui pouvait donner plus de lustre à cette maison uniquement aimée, ou affermir davantage le bien qui s'y produisait.

Il composa pièce à pièce, avec prédilection, un remarquable cabinet de physique, achetant, souvent de ses deniers, les instruments les plus parfaits pour la démonstration. Il fonda cette réunion annuelle des anciens maîtres et élèves, qui, dans sa pensée, était destinée à encourager les jeunes et à leur donner l'estime des traditions en même temps qu'à faire du bien encore aux anciens déjà dispersés dans la vie. Il géra les affaires matérielles du séminaire en telle manière, qu'à son départ elles étaient en pleine prospérité. Et quant aux fruits qui se firent parmi les âmes, on peut bien dire qu'ils furent abondants. Il se forma, dans cette maison bénie de Dieu, plusieurs générations de chrétiens qui tinrent, dans les diverses carrières, les promesses de leur enfance et de leur jeunesse. De nombreuses vocations ecclésiastiques s'y cultivèrent heureusement, parmi lesquelles un grand nombre furent des vocations d'élite.

Après les joies qui lui venaient de l'œuvre même à laquelle il avait voué toute son âme, aucunes ne répandaient plus de douceur dans la vie de l'abbé Surieux que celles de l'amitié. Il était gracieux pour tous, sans doute, et la réputation de maison amie et hospitalière qu'eut dès lors, entre toutes, la maison de Saint-Jean, était bien pour attester cette affabilité simple et empressée de l'accueil qu'on était sûr d'y recevoir. Mais l'abbé Surieux avait ses amis préférés, amis d'enfance, amis de choix. Il apportait dans ce commerce de l'amitié, tout à la fois une franchise souvent sans ménagements, et la tendresse de l'âme la plus délicate.

III

Pourtant M. Surieux, au milieu de ses travaux, n'oubliait pas la résolution qu'il avait arrêtée, de se retirer du monde, pour demander à la solitude les derniers conseils de la vie. Et, au moment où il paraissait comme identifié à cette vie du séminaire qu'il avait faite plus féconde, il brisa tout à coup, et sans faire part à l'avance à personne de son dessein, les liens si forts qui l'attachaient à cette vraie famille.

La Trappe était la retraite qu'il s'était choisie. Néanmoins, il paraît avoir hésité un instant à prendre cette direction. « Durant les vacances qui précédèrent son entrée à la Trappe, nous écrit M. le vicomte de Meaux, il vint nous voir, ma femme et moi, dans les montagnes de Franche-Comté, où nous étions alors chez mes beaux-parents, et, durant ce voyage, il visita dans le voisinage l'abbaye d'Einsiedeln. Déjà disposé et, je crois, à peu près décidé à entrer dans un monastère, il fut tenté, m'a-t-il conté depuis, de rester à Einsiedeln. Mais il réfléchit qu'il s'y trouverait trop bien, que la retraite, la prière et l'étude donneraient précisément satisfaction à ses goûts les plus chers. Il voulait devenir moine pour faire pénitence, et il entra à Aiguebelle. En effet, d'après son propre aveu, ce qui lui a coûté le plus à la Trappe, c'est le sacrifice de ses habitudes, et comme de sa culture intellectuelle. »

C'était en 1864. M. Surieux avait voulu d'abord se retirer durant les vacances de Pâques secrètement, et puis écrire d'Aiguebelle pour avertir de son dessein. Nous ne savons par quelle circonstance il en fut empêché, mais il présida encore à la rentrée des vacances de Pâques, et, quinze jours après environ, il désigna à M. le Vicaire général le successeur de son choix, mettant par là l'un et l'autre dans la confidence de sa résolution. Il se décida cependant, sur les instances qui lui en furent faites alors, à ne pas partir sans faire ses adieux. Ce fut le soir, à la chapelle, après la prière, que le vénéré Père, s'adressant aux élèves réunis, leur dit ses dernières paroles. L'impression en fut profonde.

Puis le lendemain il partit, et vint frapper à la porte du monastère de N.-D. de la Trappe, le samedi 23 avril 1864. Il allait avoir 60 ans. Il faut lire, presque entière, la lettre qu'il écrivit à son arrivée à Aiguebelle, à M. Coupat son digne successeur. Il y rend compte, avec la simplicité qui était l'un de ses principaux charmes, des circonstances de son voyage, et on voit bien que ce fut sans enthousiasme comme sans faiblesse qu'il accomplissait cet acte héroïque.

« Aiguebelle, 25 avril 1864.

« Bien cher Abbé,

« Je suis arrivé ici hier, un peu avant cinq heures. Je m'étais égaré en route, depuis Montélimar. Entre Allan et Aiguebelle, qui sont distants d'environ six ou sept kilomètres, j'errai pendant près de trois heures sans rencontrer personne et sans savoir à la fin dans quelle direction je devais aller. J'avais été croassé par deux corbeaux au naturel, qui avaient paru s'attacher à me suivre en tournoyant avec insistance et assez près au-dessus de ma tête, pendant longtemps. Je crois qu'ils m'avaient porté malheur. Je m'étais lassé ; il faisait chaud ; je me disais que Dieu me faisait chercher longtemps ma retraite. En apercevant de quelque distance les murs du monastère, j'éprouvai une satisfaction réelle, le sentiment de quelqu'un qui se retrouve, mais sans autre émotion particulière. Il me venait à la pensée : *Hæc requies mea*, mais cela me paraissait un simple effet de mémoire.

« Les religieux finissaient le chant des vêpres quand je frappai à la porte du monastère. Le silence au dehors était absolu. La porte me fut ouverte par un Frère dont la figure me fut sympathique ; il me conduisit à la chapelle, où je reçus la bénédiction du Saint-Sacrement pour la fin des vêpres. Je fus ensuite remis au Frère hôtelier, de qui j'acceptai un verre de vin : puis je vis le Prieur et le Père Maître des novices qui me furent bien bons. Le Père Maître me rappelle instinctivement M. C... Il me semble que nous nous entendrons bien et que je lui serai bien docile.

« Ce matin, je me suis levé à cinq heures, trois heures après la Communauté ; je me suis confessé, j'ai dit la sainte messe, non sans penser à vous tous, confrères, élèves, domestiques, amis du dehors, prêtres et laïques; la famille V... surtout, la famille B..., Mr Mulsant, les Sœurs de l'Adoration Réparatrice. Après cela, je me trouve dans une paix réelle. Je n'ai pas d'émotion, mais je n'éprouve pas de regret : il me semble que j'ai bien fait d'être venu.

« J'oubliais de vous dire que le frere Urbain a été très bien et fort expressif, je le vis hier soir un moment; il m'a encouragé beaucoup, et il a la confiance que je pourrai faire un trappiste.

« Je vais être admis à suivre les exercices de la communauté dans deux ou trois jours.

« Je ne vous ai pas dit que je n'ai pas trouvé à Valence Mgr Lyonnet, ni M. Simon, mais j'ai vu un grand vicaire qui a bien voulu se charger d'avertir Monseigneur de ma visite et de son objet. Je ne cherchai pas M. L...; la solitude me sembla préférable dans ce moment. Après avoir dit la sainte messe à la cathédrale et déjeuné à l'hôtel, je pris à 11 heures un convoi qui partait pour Montélimar.

« On me dit que le courrier va partir ; je voudrais ne pas le manquer, et je ne voudrais pas fermer cette lettre sans vous remercier, vous et tous ces messieurs, et tous les élèves et tous les domestiques, de ce tendre intérêt qui a accompagné mes derniers jours au milieu de vous. Il me semblait bien depuis longtemps que Dieu avait donné à tous de bons sentiments pour moi, mais cette dernière circonstance m'a surpris toutefois, et touché très vivement. Soyez, je vous prie, mon interprète auprès de tous au dedans et au dehors, ajoutez ce nouvel embarras à tous les autres que je vous laisse. Veuillez bien dire en particulier aux élèves que je les aimais bien et que je les aime encore davantage ; que je suis heureux en les quittant de les laisser sous la direction d'un supérieur, de préfets et de professeurs qui les aimeront autant que moi et qui leur feront plus de bien que je ne pouvais faire. Adieu, adieu, adieu, à vous et à tous.

« Il me tarde de savoir comment vous allez tous.

« SÉRIEUX. »

Bientôt après, comme à Saint-Jean on était insatiable de nouvelles et qu'on attendait avec impatience de savoir les premières impressions et tout le détail de cette nouvelle et rude vie, le bon Père satisfit à loisir ces affectueuses curiosités, et je ne sais rien qui soit, pour ainsi parler, la photographie de son âme, comme ces lettres qu'il écrit si volontiers et tout au cours de son cœur. Il semble que malgré sa longueur il est impossible de ne pas transcrire ici celle qu'il écrivit à Saint-Jean après trois semaines environ de la vie de la Trappe.

12 Mai, Aiguebelle.

« Un bonheur n'arrive jamais tout seul ; c'est la pluie qui me procure celui de vous écrire dans ce moment, en même temps qu'elle arrose la terre desséchée. J'en profite pour essayer de vous dire avec quelques détails comment s'est passé pour moi le temps qui s'est écoulé depuis notre séparation.

« Vous savez déjà que je passai à l'hôtellerie les quatre premiers jours qui suivirent mon arrivée ; vous savez également que ce temps de repos me fut donné par ces bons Pères pour me délasser et me calmer, et qu'il fut employé en partie à répandre encore de grosses larmes. Ce n'était pas du tout la vie de Trappiste, mais j'étais placé pour la voir et l'envisager de près. On m'avait donné, afin de remplir mes loisirs, le livre des *Us et coutumes de la Trappe*, un volume in-12 ordinaire. J'en lus peu de chose, mais j'en reçus une forte impression quand je tombai sur l'article que voici : *A la Trappe il n'y a pas de jeux ni de récréations, on ne se promène pas, ni dans les jardins, ni dans le cloître, ni ailleurs : les promenades sont permises au cimetière seulement, mais on ne doit pas s'y asseoir.* J'avoue que cette perspective m'apparut alors sous de sombres couleurs, mais il ne dépendait pas de moi de la changer, et je ne devais pas reculer.

« Arrive le moment d'être admis dans la communauté : c'était le vendredi 29 avril à huit heures du matin. Le Père Maître des Novices vint me prendre à l'hôtellerie, dans ma cellule, où j'avais passé *seul* les quatre premiers jours. Je le suivis avec le parapluie et le petit sac que vous connaissez, qui ne renfermait pas un gros mobilier. Or, à partir de ce moment le parapluie et tout ce qui était dans le sac, y compris ma montre, mon porte-monnaie, mon porte-feuille, et tout ce que j'avais dans mes poches me devait être inutile et fut déposé et enregistré au secrétariat : il faut excepter les chemises, les mouchoirs, les bas et quelques pastilles de gomme. Je ne gardai que ma soutane que je n'ai pas quittée depuis ni le jour ni la nuit. Vous voyez que de choses on a dans le monde, dont on se passe à la Trappe.

« Après cela, le Père Maître, toujours excellent (et tout le monde l'est pour moi jusqu'à me toucher), me montra ma place à l'église, au réfectoire, au dortoir, au chapitre, à la salle des novices en tout semblable à notre petite classe de huitième, avec les tables de moins. Telle fut ma prise de possession. Bientôt après, la cloche appela la communauté à la grand'messe où je me rendis, et j'ai suivi depuis tous les exercices du jour et de la nuit régulièrement. Je voudrais vous donner quelques détails à ce sujet, mais auparavant je dois vous dire, pour être vrai, que ma première impression ne tournait pas à l'enthousiasme, et que j'avais peine à me défendre d'un saisissement involontaire : je sentais le frais, le froid, les courants d'air, un je ne sais quoi qui me pesait et qui m'assombrissait malgré moi. Je crois vous avoir déjà dit dans une dernière lettre que cette impression ne dura pas longtemps, que le nuage se dissipa dès le lendemain, et que depuis ce jour l'horizon s'est maintenu constamment dans un état de sérénité convenable.

« Voici maintenant, si cela vous peut intéresser, l'ordre sommaire des exercices, et comment se compose principalement la journée du Trappiste :

« Lever, en toute saison, à 2 h. les jours ordinaires ; à 1 h. les dimanches et fêtes de même rite ; à minuit les fêtes solennelles. Coucher, qui s'appelle la *retraite*, à 8 h., de Pâques au 14 septembre, avec *méridienne obligée* de midi 1/4 à 1 h. 1/2 ; à 7 h., du 14 septembre à Pâques, sans *méridienne*. Le temps du lever est de 5 minutes, qui suffisent pour prendre des souliers et se rendre à l'église.

« *Première heure de la journée*, invariable : Matines et Laudes de la sainte Vierge, puis méditation. L'office de la sainte Vierge se dit toujours sans chant, et, pour toutes les heures, immédiatement avant l'office canonial.

« *De la fin de la méditation à 4 h.* : Office canonial, *Matines et Laudes*, qui dure 1, 2 et 3 heures, suivant la solennité.

« *De 4 à 5 h.* temps libre, appelé *intervalle*, qui s'emploie à dire, à entendre la sainte Messe, à d'autres prières ou à des lectures, au choix de chacun. Il y a dans le jour deux autres *intervalles* de 1/2 à 3/4 d'heure chacun, l'un avant la Messe, l'autre avant les Vêpres. Le reste de la journée est occupé par l'office, les prières de règle, le travail des mains, les repas et le repos.

« *A 5 h. Prime, suivie du chapitre*, où ont lieu : 1º la lecture du martyrologe et quelques prières ; 2º la lecture d'un chapitre de la règle de saint Benoît et l'explication faite par celui qui préside, le R. Père Abbé ou le P. Prieur ; 3º la coulpe, à laquelle je n'ai pas encore assisté. On n'y est pas admis avant d'être novice. L'explication de la règle m'a toujours intéressé jusqu'à présent.

« *Travail des mains.* Cinq heures par jour en deux parties, la première de 6 h. à 9 h., la deuxième de 2 h. à 4 h. pour l'été ; pour l'hiver, la durée est la même, mais la distribution est différente. Ce travail pendant ces quinze jours a consisté à ramasser des pierres dans les champs, à laver la vaisselle, à savonner des chemises de laine, à arracher de petites herbes dans le jardin, à approprier l'église, les burettes, les calices... Chacun en fait selon ses forces, mais le travail est sérieux ; la règle l'impose et en fait un devoir, toujours très adouci par la charité des supérieurs.

« *La messe canoniale*, précédée de *Tierce* et suivie de *Sexte* est à 10 h. en été, et à 9 h., je crois, en hiver. *None* se dit après la méridienne dans ce moment ; *Vêpres* à 5 h.

« *Complies* à 7 h. 1/2 suivi du *Salve Regina.*

« *Repas* : Deux en été, le premier à 11 h. 1/2, le second à 6 h. Un seul en hiver à 2 h. 1/4 ; il est à 4 h. 1/4 pendant l'Avent et le Carême.

« On accorde facilement le *Mixte* à ceux qui en ont besoin. C'est un morceau de pain avec dessert ou une soupe : il se donne maintenant à 7 h., on veut que je le prenne et je l'accepte volontiers comme autre chose.

« *Nourriture* : elle se compose de pain, de légumes et de fruits, pas de viande, pas de poisson, pas de beurre, pas d'huile, si ce n'est à la salade, où le poivre n'est pas admis.

« *Boisson :* c'est du vin bien baptisé, mais franc de goût.

« Le repas de 11 h. 1/2, ou le dîner, se compose d'une soupe, d'un plat de légumes, et d'un dessert , le tout très abondant et point désagréable à manger.

« Le repas du soir, à 6 h., est une salade de laitue, ou de légumes cuits, ou un mélange des deux, et un dessert. Ce repas fait mes délices, je le préfère au dîner, l'un et l'autre fournissent une alimentation qui pour moi est bien suffisante.

« La soupe, le plat de légumes, la salade, sont servis séparément pour chacun dans des bols de fer-battu ; chacun a une assiette de même métal, où il mange la soupe et les légumes successivement au dîner et la salade au souper ; le dessert est servi dans une petite assiette de terre vernie. La cueiller et la fourchette sont en bois, la tasse pour boire de même ; on ne les relave pas, chacun les approprie à la fin du repas. Chacun a encore un petit couteau de deux sous et une serviette servant de nappe qui est à peu près le quart d'une serviette ordinaire. Pour ne rien oublier, chacun à sa petite bouteille de la contenance d'un grand verre. Un pot à eau et une salière en bois servent à deux. Il n'y a pas de luxe, mais c'est suffisant.

« Le *lit*, il s'appelle la *couche :* Figurez-vous une caisse en galandage de briques recouvertes d'une couche blanche de chaux, longue de 2 mètres, large de 80 centimètres, haute de 2 mètres, ouverte en haut et devant ; aux deux extrémités à 50 centimètres du plancher, un rebord en brique pour supporter deux planches ; sur les planches une paillasse piquée de 10 centimètres d'épaisseur, un sac renfermant un peu de paille pour traversin ; une ou deux couvertures selon la saison ; une toile grise formant rideau, un bénitier, une image de la sainte Vierge. C'est

le mobilier de nuit du trappiste. De loin cela paraît dur ;
mais quand on y est, on s'y accoutume ; je m'y repose
maintenant avec autant de plaisir que sur mon lit que
vous connaissez et qui est excellent. Tout dépend du
point de vue où l'on se place.

« *Silence :* Vous savez quelle est ici sa rigueur. Pour moi
dans ce moment, je ne puis adresser la parole qu'au R. Père
Abbé et au Père Maître des Novices. Encore y a-t-il dans
la maison des temps et des lieux de silence absolu pour
tous : quand cela me gêne, je songe que j'ai abusé souvent
de la parole durant ma vie, que les inconvénients que
cette loi présente ne valent pas les avantages qu'elle procure, et je me résigne sans peine. Il y a entre les Pères un
langage par signes auquel je ne comprends encore rien,
et dans lequel je ne pense pas que je devienne jamais bien
habile. Je ne m'en inquiète pas, et n'en sens pas le besoin.

« Je termine ces détails pour ne pas abuser ; ils suffiront
pour vous faire comprendre combien ma vie ici diffère
de celle que je menais au milieu de vous, et par quelle
transition il m'a fallu passer. Eh bien, je vous le disais
dans ma dernière lettre, la transition s'est faite sans de
grands efforts et je l'ai peu sentie. Je me suis mis dans le
cours des exercices. Je m'y suis abandonné avec simplicité, et j'ai été emporté par le courant sans secousse, et
sans m'apercevoir du mouvement. Je vois les privations,
mais je ne les sens pas ; je n'ai pas le sentiment de la peine :
il n'y a eu de sacrifice réel que celui de la séparation, en
sorte que si cet état se prolonge et s'affermit. c'est à peine
si je devrai le regarder comme propre à expier les fautes
de ma vie. En attendant je remercie Dieu d'avoir ainsi
ménagé ma faiblesse dans ces commencements, et je me
confie à lui pour l'avenir qui n'est connu que de lui.

« Il faut conclure si je ne veux pas entamer une autre
feuille, ce que je n'oserais. Dites, s'il vous plaît, à ces

messieurs, les choses les plus tendres, et qu'il soit bien entendu que je ne les sépare point de vous dans mes pensées et dans mes souvenirs ; j'y comprends l'abbé Guillon, que je suis aise de voir entré à Saint-Jean, où je l'avais tant désiré ; le nouveau professeur que je ne connais point et à qui je souhaite bonne venue ; l'abbé Neyrat et l'abbé Putod qui sont de la maison ; tous les amis du dehors, ecclésiastiques et autres, que vous connaissez et de qui je ne voudrais pas être oublié.

« Quant aux élèves, dites-leur bien que je ne les oublie pas, et que je demande pour chacun d'eux à N.-S. le secret des douceurs qu'il y a dans l'obéissance, dans le travail et dans l'accomplissement du devoir. Je n'oublie pas non plus les domestiques ni leurs services. Veuillez le leur dire.

« Bien à vous. Adieu, cher abbé, adieu.

« SURIEUX. »

Ce fut trois jours après la date de cette lettre, le jour de la Pentecôte, 15 mai 1864, que le Père Surieux reçut l'habit de novice.

« Comme je vous l'avais annoncé, écrit-il, on m'a revêtu de l'habit de novice le jour de la Pentecôte. Cette cérémonie est des plus simples, je m'y présentai assez philosophiquement : Eh bien ! le R. P. a trouvé en quelques paroles le moyen de m'émouvoir et de me faire pleurer comme un enfant.

« J'ai eu un combat à soutenir pour le nom que l'on me donnerait. Je voulais m'appeler Jean-Baptiste. Je suis demeuré maître du champ de bataille, mais non sans peine. Le R. P. a été comme toujours excellent ; mais il était si arrêté que je me suis cru un moment perdu, et je n'ai dû la victoire qu'à l'intervention du séminaire de Saint-Jean ; c'est un nouveau motif pour vous aimer. »

C'est à grand regret que nous sommes forcés de nous arrêter dans ces citations qui nous feraient si bien connaître le nouveau trappiste. Ce fut, dès son entrée à Aiguebelle, entre lui et Saint-Jean, un échange de lettres toujours si simples, si tendres, si élevées et si attachantes enfin, que nous voudrions pouvoir donner à tous ceux qui ont connu et aimé le saint religieux, le plaisir d'une si consolante lecture. Et cet échange de lettres se ralentit sans doute après les premiers mois, mais il dura néanmoins jusqu'à sa mort. Non-seulement il tenait ceux qu'il avait quittés au courant, suivant leur désir, de ce qui le pouvait toucher lui-même, mais il suivait toujours son cher Saint-Jean. « Saint-Jean, disait-il, m'est demeuré comme une espèce de chez moi auquel je ne renonce pas. » Et un autre jour, au sujet des vœux de fête et de la nouvelle année qui ne cessèrent pas de franchir incessamment ces distances : « On croit beaucoup, disait-il, et il semble en effet qu'un religieux de la Trappe doit être étranger à ces usages du monde, que l'on estime, que l'on recommande, qui se retrouvent partout dans la société, parmi les chrétiens comme ailleurs.

« Or, je vous avoue que je suis bien loin de ce détachement, aussi loin peut-être que quand j'étais dans le monde; qu'il n'est pas dans mes goûts, ni dans mes idées, ni dans mes résolutions.

« Il ne me semble pas que ce soit un devoir réel de la vie religieuse, et je ne cesse pas de penser que l'on n'est pas un mauvais religieux pour échanger avec ses amis des sentiments qui ne sont contraires à aucune vertu, que les saints ont pratiqués dans tous les temps, que les apôtres, dans leurs épitres, paraissent tenir à mettre en honneur, en les commençant et en les terminant toujours par des souhaits de ce genre; que N.-S. Lui-même, quand Il revoit ses disciples après sa résurrection, ne manque jamais de faire passer dans son langage; qu'Il exprime constamment par sa première parole et le salut qu'Il leur adresse : *Pax vobis.*

« Aussi, autant que j'en puis juger depuis que je suis à la Trappe, je crois remarquer qu'on ne nous demande pas cet isolement d'avec nos anciens amis et qu'on permet volontiers tout ce qui n'est pas contraire à l'amour que l'on doit à Dieu. »

Le Père Jean-Baptiste fit une année de noviciat et émit ses vœux le 25 mai 1865. Saint-Jean était représenté à cette cérémonie par MM. Coupat, supérieur, Coste et Durieux. Après la Profession, le Père Jean-Baptiste fut cellerier du monastère pendant un an environ. Il remplit cet emploi, le plus important de la maison après la charge d'abbé, avec cet esprit méthodique, scientifique, qui l'a toujours distingué. Il aimait à tout voir par lui-même et faisait aussi le plus possible.

« Il fut ensuite envoyé aumônier des Sœurs Trappistines de Maubec, près Montélimar. Le triennat expiré, il passa à la maison de Vaise où il demeura six ans, d'octobre 1869 à octobre 1875. On n'a pas encore oublié, à Lyon, l'édifiante assiduité du bon Père à monter chaque jour à Fourvière. Il donnait toute la matinée à son ministère ; la soirée était, en grande partie, pour la sainte Vierge. Rentré à Aiguebelle en octobre 1875, il suivit, pendant près d'un an, la vie de Communauté comme simple religieux, ne manquant aucun office au chœur, allant au travail des champs avec un courage qui en donnait à de bien plus jeunes que lui. Il a toujours eu une prédilection pour les travaux de la campagne, et l'amour qu'il en avait n'était pas d'un poète, mais plutôt d'un savant qui connaît et sait appliquer les meilleures méthodes.

« Au mois d'août 1876, il fut envoyé à la fondation de Bonnecombe, près de Rodez, pour diriger les travaux d'installation de la nouvelle communauté. Rien n'était

plus pauvre que cette maison naissante. Il est littérale-
ment vrai qu'elle n'avait rien à envier à l'étable de
Bethléem ; le Père Jean-Baptiste coucha pendant près
de deux ans sur un lit de paille, d'une paille qui n'était
même pas renouvelée, bien s'en faut, aussi souvent que
celle des animaux domestiques. Le bon Père était bien
l'exemple vivant. Les ecclésiastiques et les séculiers de ce
pays admiraient ce vigoureux vieillard maniant, comme
un jeune homme, la pioche, la bêche, et même la cognée
qui jetait à terre des chênes encore plus âgés que lui.

Une autre fondation, sœur de celle de Bonnecombe, et
faite par les Trappistines, à Bonneval, toujours dans le
Rouergue, réclama son ministère d'aumônier. C'était en
1879. Le bon Père Jean-Baptiste ne fit guère que passer
dans cette maison ; il revint à Aiguebelle, et là, il fut pour
la Communauté, comme il l'avait été toujours et partout,
un modèle de vie religieuse. Les étrangers eux-mêmes,
qui viennent nombreux visiter Aiguebelle, se demandaient
quel était ce moine suspendu aux flancs d'une petite
colline et remuant avec la pioche et le pic, des monceaux
de terre et de gros rochers. C'était le P. Jean-Baptiste,
rappelant à tous ceux qui le voyaient une scène du moyen
âge, des meilleurs temps de la vie monastique.

« Le bon Père s'était bien affectionné à ce qu'il appelait
« son champ ». Il fallut pourtant l'abandonner pour aller
à San-Vito, près de Turin, en Piémont, donner ses soins
à un essaim de religieuses Trappistines échappé de la
ruche, trop pleine, de Notre-Dame de Vaise. Il y demeura
du mois de janvier 1883 au mois de juin 1884. Il allait
atteindre sa 80e année et il sentait que ses forces dimi-
nuaient. La pensée de la mort lui venait aussi plus fré-
quente, et il voulait mourir à Aiguebelle ; il demanda
donc à rentrer.

Ces allées et venues, toutes suivant l'obéissance religieuse, furent pour le petit Séminaire de Saint-Jean et pour

les amis du Père Jean-Baptiste, de bonnes occasions de se revoir. La dernière fois qu'il accepta notre hospitalité fut au mois de juin 1884, et il nous fut bien doux de lui ménager une bonne surprise. Le jour de la fête de saint Jean-Baptiste, quelques anciens se réunirent autour de lui, comme il venait partager notre dîner à la maison de campagne, et les élèves lui adressèrent un compliment de fête qui le toucha beaucoup. C'était pour nous une bien grande émotion, et nous y vîmes une attention bien précieuse de la Providence, et une preuve de sa bonté pour nous.

« De retour à Aiguebelle, il retrouva « son champ bien aimé » et en reprit la culture. Il y usa ses dernières forces.

« Au mois de novembre 1885, il eut une indisposition qui ne semblait pas grave, mais il avait comme un pressentiment que c'était, selon son expression, le commencement de la fin. Il ne se trompait pas. Le mal n'a pas cessé, pendant dix mois à peu près, de faire des progrès, et ce mal n'était, à vrai dire, que celui de l'âge. Après avoir bien souffert pendant trois ou quatre semaines, réduit à ne pouvoir plus supporter le moindre aliment ; éprouvé comme le furent tant de Saints, par la crainte des jugements de Dieu, et finalement consolé par les sentiments de la plus entière confiance, il s'est endormi dans la paix du Seigneur le 24 septembre, à 7 heures du matin. Il a répété bien des fois à l'un de ses anciens élèves de Saint-Jean, — devenu son frère en Notre-Dame de la Trappe, — qui a eu la douleur et la joie tout ensemble de lui fermer les yeux, que tous ceux qu'il avait aimés pendant sa vie, il les aimait jusqu'à la fin. »

C'est le P. Raymond, ancien élève de Saint-Jean, qui nous écrit ces détails. Poussé par je ne sais quel pressentiment, je m'étais rendu moi-même à Aiguebelle au commencement de septembre. La bonté des religieux de la

Trappe m'ouvrit toutes les portes, et je trouvai le P. Jean-Baptiste à l'infirmerie, déjà couché sur le lit d'où il ne devait pas se relever. Je ne dirai pas l'accueil que j'en reçus ; je ne dirai pas la profonde émotion que j'éprouvai durant ces entretiens cœur à cœur, où, pour la dernière fois, il me parla de Saint-Jean, de ses amis ; où surtout il épancha son âme toute saisie, je n'oserai dire des terreurs de la mort, mais du moins du néant de sa propre vie. C'était l'humilité des saints. « Quand je regarde toute ma vie, me disait-il, je ne vois pas, en vérité, sur quoi pourra s'appuyer la miséricorde de Dieu pour me sauver. » Et comme, pour rassurer ses inquiétudes, je lui représentai ce qu'il avait plu à Dieu faire par son ministère, et particulièrement les prêtres nombreux sortis de ses mains, il reconnaissait que, sans doute, il s'était fait du bien à Saint-Jean tandis qu'il y était, mais il était profondément convaincu que ce bien ne pouvait lui être imputé à lui-même.

Je le quittai bientôt, avec l'espoir de revenir assister quelques semaines plus tard à ses derniers moments. Je n'en eus pas la consolation. Toutefois, l'un de nous était là au moment de la mort du Père, et il l'accompagna au champ béni où il repose.

C'est une croyance pieuse à la Trappe que, d'après une promesse faite par Dieu à saint Benoît, celui qui persévère jusqu'à la fin dans l'accomplissement de sa règle, est à sa mort préservé des peines du Purgatoire. Néanmoins, nous prierons pour le vénérable Père que nous avons perdu. C'est la pratique de l'Eglise et c'est un besoin de notre cœur. Mais il nous est bien doux de penser que celui qui a tant aimé cette maison bénie où il a dépensé les meilleures années de sa vie, est là-haut notre protecteur et notre invisible guide.

Lyon. — Imp. Vitte et Perrussel, rue Sala, 58.